DÉPARTEMENT DU PAS-DE-CALAIS.

1re SECTION

DES

WATTRINGUES

RÉPONSE DE LA COMMISSION ADMINISTRATIVE AUX
OBSERVATIONS PRÉSENTÉES PAR M. HOCHART
DANS DIVERS MÉMOIRES, RELATIVEMENT
AUX LIMITES SUD DE LA SECTION.

IMPRIMERIE FLEURY-LEMAIRE, RUE DE WISSOCQ, 26-28.

1867.

DÉPARTEMENT DU PAS-DE-CALAIS.

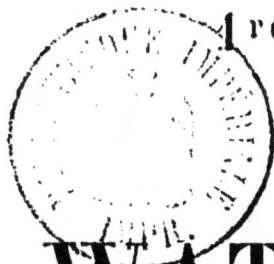

1re SECTION

DES

WATTRINGUES

RÉPONSE DE LA COMMISSION ADMINISTRATIVE AUX
OBSERVATIONS PRÉSENTÉES PAR M. HOCHART
DANS DIVERS MÉMOIRES, RELATIVEMENT
AUX LIMITES SUD DE LA SECTION.

SAINT-OMER

IMPRIMERIE FLEURY-LEMAIRE, RUE DE WISSOCQ, 26-28.

1867.

DÉPARTEMENT DU PAS-DE-CALAIS.

1re SECTION

DES

WATTRINGUES.

RÉPONSE DE LA COMMISSION ADMINISTRATIVE AUX
OBSERVATIONS PRÉSENTÉES PAR M. HOCHART
DANS DIVERS MÉMOIRES, RELATIVEMENT
AUX LIMITES SUD DE LA SECTION.

Séance du 28 Juin 1867.

Monsieur le Sous-Préfet,

Vous voulez bien par votre dépêche du 8 de ce
mois faire connaître à la Commission que la délimi-
tation de la première section des Wattringues est
l'objet d'un examen sérieux de la part de M. le Préfet
et que cette question, soumise prochainement au
Conseil Général, doit incessamment recevoir une solu-
tion. Vous nous engagez, si nous croyons devoir le

faire, à présenter des observations sur ce sujet, traité dans diverses brochures par M. Hochart.

La Commission vous prie d'abord de vouloir bien accueillir ses remerciements de la bienveillance de cette communication.

La prétention de l'auteur de ces brochures se résume ainsi :

Trop longtemps les hauts champs de la première section, ont payé la cotisation des Wattringues : ce fut une erreur de la loi et de l'autorité, le temps est venu de mettre un terme à cette injustice ; les hauts champs ne reçoivent aucun service des Wattringues et ne leur doivent par conséquent aucune taxe.

Cette affirmation si superbe force la Commission à examiner pourquoi l'institution des Wattringues, exceptionnelle en France, fut introduite dans ce pays, et le genre de service qu'on attendait d'elle.

La première section se compose d'une partie de cette contrée connue sous le nom de Bas-Artois, limitée au sud par les montagnes de l'Artois, au nord par la mer ; c'est un immense bassin de beaucoup inférieur aux hautes marées.

Cette situation géographique comprise, la raison sans peine en devine les conséquences ; le Bas-Artois successivement envahi d'un côté par les flots de l'océan poussés par la tempête, de l'autre par les eaux appelées ici sauvages, descendant en torrent le long des montagnes, soit à la fonte des neiges, soit à l'époque des pluies abondantes, forma longtemps comme un lac immense.

C'était un marais considérable, le regard ne pouvait en mesurer l'étendue. Là ni culture ni habitation, si quelques malheureux poussés par un esprit mal entendu de lucre tentaient de transporter leur demeure sur les lieux les plus élevés dominant l'inondation, l'insalubrité permanente du climat leur faisait souvent payer de la vie cet élan irréfléchi de la cupidité. Telle a été pendant des temps infinis la situation de ces localités.

Comment en sortir?

On raconte que vers le douzième siècle, le souverain de ce pays, prince d'intelligence, devina le mal et s'appliqua à le guérir. Aux frais de son trésor une digue fut élevée le long du rivage, les flots désormais vaincus vinrent inutilement se briser contre elle; puis il encouragea les habitants des lieux circonvoisins à venir diriger les eaux dites sauvages et à dessécher les terres dont la propriété serait leur récompense. L'histoire a conservé son nom, c'est Philippe d'Alsace, comte de Flandre. Cette pensée généreuse fut développée par ses successeurs, mais les rivalités jalouses des nouveaux venus les rendaient impuissants au bien. Alors furent formées des associations dont l'appellation a plusieurs fois varié, elles sont aujourd'hui connues par le nom de Wattringues.

A ces époques lointaines, jamais il ne serait venu à la pensée de personne de prétendre que, dans une même commune, il fallait distinguer entre la position de tel ou tel champ; l'inondation en effet était un fléau commun, également redoutable à tous, l'effort pour le combattre dût être général, unanime ; chacun y apporta son sacrifice, y mit de son labeur, de sa peine, l'élan fut collectif, indivis ; le plus fort, le plus aisé y venait pour la part la plus large, personne ne songeait à s'y soustraire, tant était évident l'intérêt de la communauté entière.

Au surplus, sur ce point on n'en est pas réduit à interroger sa raison et l'histoire ; la loi s'est prononcée, son commandement s'est fait entendre.

Un octroi du 22 avril 1619 porte que, les propriétaires, même en dehors des Wattringues, des terres voisines et aboutissantes, tant *hautes que basses*, devaient contribuer, au prorata de leur amélioration, aux frais de construction et d'entretien des ouvrages de dessèchement.

Quoi de plus précis? Même en dehors des Wattringues, dit l'octroi, les terres hautes sont soumises à la taxe. S'il en était ainsi, inutile d'ajouter sans doute que, dans le périmètre même, toute terre indistinctement devait la payer. Les auteurs sur ce point sont unanimes.

Ces coutumes des plus anciennes, cette législation de clocher, utiles surtout à consulter quand on veut bien connaître les usages d'un pays déterminé, sont à cet égard d'une précision désespérante pour les novateurs. Citons celles qui peuvent nous concerner plus spécialement. Les coutumes du Brédenarde de 4589, articles 11 et 12, c'est-à-dire d'Audruicq, Polincove, Nortkerque, Zutkerque, celles de l'Ardrésis ou Ardres de 1509, article 7, celles du pays de

l'Angle, Sainte-Marie-Kerque, toutes chargeaient les
trois bancs des travaux pour le bien du pays, pour
éviter tout dommage par inondation et débordement
des eaux, voulant qu'il fût rendu compte des dépenses en présence de tous les habitants de la commune convoqués à cet effet par des publications aux
églises. Les dépenses concernaient donc les habitants
indistinctement, puisque tous étaient convoqués au
son des cloches et tous assistaient au compte-rendu
des dépenses.

Cette vérité n'est contestée par personne, elle est
consacrée par une pratique invariable qui a traversé
plusieurs siècles. On allait même plus loin; il advenait
parfois qu'un travail fait sur le territoire d'une seule
commune était cependant payé par plusieurs, c'est
qu'alors toutes y avaient un intérêt; il importe d'en
signaler un exemple : Le Stawart, est un canal de 4
kilomètres environ creusé inclusivement sur le territoire d'Audruicq, et cependant les quatre paroisses
du Brédenarde, Audruicq, Polincove, Nortkerque,
Zutkerque payaient les frais de son entretien, de son
pont et de certaines écluses qui y touchent. Ce fait ne
se prouve pas seulement par un usage immémorial,
il s'appuie sur les titres les plus précis: ainsi en 1806
lorsque ces quatre paroisses érigées en communes
distinctes firent, pour se conformer aux lois de l'é-
poque, le partage du vaste communal qui leur appar-
tenait, il fut stipulé, dans l'acte mettant un terme à
l'indivision, que les quatre communes, conformément
à une pratique invariable, continueraient à supporter

en commun et selon les proportions usitées, les frais d'entretien, de réparation du Stawart, de son pont et de ses écluses. En 1809, ce petit canal avait besoin de grands travaux, le devis s'élevait à près de 14 mille francs, somme importante, surtout à cette époque. Nortkerque refusa de payer. M. le Préfet du Pas-de-Calais après avoir rappelé les précédents invariables et la convention constatée dans le partage de 1806, mit un terme à cette résistance, par son arrêté du 18 avril 1809. Depuis les choses ont continué ainsi. Le Meullestrom, rivière de Polincove, est dans la même condition ; de tout temps, les travaux qu'il nécessite sont effectués à la charge des quatre communes.

Ainsi, aussi loin que l'on puisse remonter dans les siècles reculés, la tradition, les édits des rois, les coutumes locales, tout concourt pour mettre dans la plus grande lumière cette vérité, que les terres placées dans le périmètre d'une section de Wattringues, étaient, sans distinction de terres hautes ou terres basses, soumises à la cotisation.

Les décrets de 1806 et 1809 sont venus renouer la chaîne des temps et leurs dispositions plus précises, mieux en rapport avec l'époque présente, donnèrent une existence plus complète à une institution dont l'expérience avait de jour en jour montré de mieux en mieux les avantages.

Aussi, sous l'empire, jamais la moindre contestation ne s'est produite sur l'esprit et les prescriptions de ce décret.

Que penserait-on d'un pays où les habitants de

l'intérieur diraient à ceux de la frontière : l'ennemi vous menace, cela vous regarde ; nous n'avons pas, pour vous faire plaisir, envie de nous imposer les rudes sacrifices que la guerre commande. Si l'ennemi vous attaque, tirez-vous en du mieux que vous pourrez.

L'ennemi est comme un chancre, si on le laisse prendre racine à l'épiderme, bientôt il gagnera jusqu'au cœur et le sujet est dévoué à une mort prochaine. L'homme tout entier doit chercher à le prévenir. L'ennemi commun, ici, c'est l'inondation, tous ensemble, notre intérêt indivisible nous le commande, nous devons nous appliquer à le combattre; malheur à ceux qui ne le voient pas. C'est ici le cas de l'apologue des membres et de l'estomac. Perdra-t-on toujours de mémoire l'état de cette contrée jusqu'au 13e siècle, faudra-t-il attendre le retour du fléau pour s'en souvenir et un autre Philippe d'Alsace sera-t-il encore nécessaire ?

Est-il vrai que le prédicant infatigable de la foi nouvelle, porte sur ces questions la vérité dans le pli de son manteau et que de ses mains va s'échapper la lumière destinée à dissiper l'ignorance des âges précédents? Il faut y prendre garde, toute innovation est bien un changement, mais pas un progrès. Un charmant poète a dit en parlant de certaines de ces gens tourmentés du besoin d'innovation :

> Au char de la raison attelés par derrière.
> Cherchent à reculons à jeter dans l'ornière.

Gardons-nous de cette satire.

Les jurisconsultes écrivains racontent que Napo-

léon Ier s'occupa de ces matières aujourd'hui discu-
tées, que ces graves intérêts furent le sujet de ses
profondes méditations, d'où sont sortis les décrets de
1806 et 1809 ; avant de vouloir en remontrer à un
aussi grand esprit, il est sage, ce me semble, de
mesurer un peu ses forces.

Comment donc veut-on justifier le système que l'on
produit ? On invoque deux moyens, on pourrait dire
un seul, tant on passe légèrement sur le premier.
Quel est-il donc cependant. On invoque les principes
du droit civil, disons un mot de réponse. Les novateurs affirment que si les eaux des hauts champs
s'écoulent dans les marais, c'est un fait naturel, une
servitude légale imposée aux terres inférieures, que
cette considération ne serait de rien dans la pensée de
l'organisation des Wattringues. — Oublions un
instant si on le veut le but de cette institution, et
voyons, en fait, si cette allégation est exacte.

Pour profiter du bénéfice de l'article 640 du code,
il faut s'abstenir de rien faire qui puisse aggraver la
servitude, est-ce ce qui a eu lieu ? Évidemment non,
ce qu'on appelle les hauts champs n'est par une
masse compacte et uniforme, c'est au contraire un
terrain accidenté, qui tantôt s'infléchit, tantôt se
relève. Le long de ses plis, les eaux lentement des-
cendent ; sans travail elles se formeraient, ici et là, en
petits lacs d'eaux stagnantes, mais les travaux des
Wattringues sont venus, on a creusé ce qu'on
nomme des bacques, de larges fossés; ils se continuent
à travers les champs, les prés, les chemins, jusqu'au

watergand qui, reçoit ces eaux et les conduit à travers les marais ; la servitude légale a été singulièrement aggravée et l'article 640 n'est plus invoquable.

On pourrait peut-être dire encore que, le drainage se propageant dans le pays, son application a de beaucoup aggravé la servitude, car si les hauts champs se dessèchent plus vite c'est que la terre étant rendue perméable, l'eau céleste glisse jusqu'aux conduits qui lui sont préparés et arrive ainsi promptement dans les canaux devenus trop petits pour un si gros volume, d'où la nécessité de travaux plus dispendieux; mais inutile d'insister sur ce moyen fort accessoire.

Arrivons donc au moyen véritable de la réclamation, à savoir : les Wattringues ne sont d'aucune utilité aux hauts champs.

Il ne faudrait pas trop amoindrir la mission d'une Commission de Wattringues, voir dans ses membres des contre-maîtres de terrassiers chargés d'ouvrir et d'entretenir des fossés pour faciliter le passage des eaux ; leur mandat a plus d'étendue, ils doivent sans doute, avant tout, limiter les ravages de l'inondation, mais à quoi aboutirait ce dispendieux résultat, si la contrée restait insalubre? Le problème à résoudre est de rendre les terres desséchées, d'une résidence possible. Les Commissions doivent ainsi de toute nécessité, construire des ponts pour les passages, amener des eaux de source dans ces lieux où la nature offre seulement des eaux stagnantes et corrompues ; établir un système d'écluses nécessaires à se défendre de celles-ci, à distribuer sagement les premières ;

leur devoir est donc de faire efforts pour rendre le territoire desséché salubre, offrant d'assez sérieux avantages de culture pour déterminer des familles à y fixer leur résidence. Telle est la mission incontestable des Wattringues, telle elle est définie par les écrivains qui se sont occupés de ces matières.

Ceci retenu, que penser de cette incroyable proposition : les Wattringues ne rendent aucun service aux hauts champs. Mais d'abord, si l'inondation les enveloppait dans sa ceinture plus ou moins profonde ou rapprochée, que deviendrait leur culture génée, embarrassée de toutes parts? Leurs produits perdraient considérablement de leur importance. M. Dalloz rapportant l'arrêt du Conseil d'Etat du 16 juillet 1824, affaire des héritiers du comte d'Egmont, fait cette remarque, « sans les travaux des Wattringues,
» les hauts champs environnés de marais impratiables se trouveraient sans débouché, il est donc
» certain que ces travaux intéressent même les propriétés qui n'ont pas à craindre l'inondation et en
» maintiennent la valeur; elles ne peuvent en conséquence être affranchies de la cotisation.

Cet avantage est réel, indéniable, est-ce le seul, est-ce le plus important? Non, sans doute, qu'on veuille bien se souvenir, en effet, qu'avant l'établissement des Wattringues l'air vicié rendait inhabitables les terrains non inondés ; des documents moins anciens que ceux déjà cités peuvent sur ce point fournir d'utiles renseignements.

Au 17e siècle quand les espagnols maîtres de Dunkerque voulurent arrêter la marche victorieuse des armées françaises, ils coupèrent les digues de la mer ; les flots de l'océan couvrirent au loin une partie des campagnes. La peste, peu après, décima les habitants, la misère régnait dans ces contrées désolées. Lorsque Louis XIV fit concession à MM. de Colbert et Louvois de ces vastes terrains inondés, ne disait-il pas, dans ses lettres patentes de 1699, que c'était pour mettre un terme au fléau et n'imposait-il pas l'obligation du dessèchement ?

A une époque plus rapprochée, quant à la suite des troubles de la grande révolution, tous travaux de dessèchement furent, sur certains points, entièrement suspendus, les environs de Marquise furent submergés.

A la vue de cet immense désastre le pays demanda à s'imposer extraordinairement jusqu'à 150,000 fr. pour arrêter l'inondation.

Voici le sommaire de l'arrêté du directoire du 15 nivose an 6.

« Attendu qu'une des plus fertiles vallées du Pas-de-Calais est submergée depuis trois ans, que plus de 360 hectares sont perdus pour l'agriculture, que l'infection de l'air répand la mortalité parmi les habitants, que plusieurs cultivateurs ont abandonné leurs exploitations, qu'un grand nombre d'autres sont sur le point d'abandonner les leurs, que les propriétaires des communes de Marquise, de Sélack, de Barenghem et autres, alarmés de leurs pertes et consternés de leur position, se sont réunis. »

Faudrait-il donc attendre que les calamités dont parlent ces lettres patentes et cet arrêté du directoire se reproduisent dans cette section, pour apprendre à certains propriétaires des hauts champs de quelle utilité peut être pour eux l'institution des Wattringues? Il n'est pas possible que l'intérêt seul rende aussi aveugle et aussi imprudent. Avant de renverser les principes fondamentaux de 1809, œuvre d'un esprit supérieur, respecté en 1837, il serait, ce semble, prudent de se demander ce qu'il a produit. Sous les anciennes administrations trop restreintes, trop limitées, le progrès était d'une malheureuse lenteur. Il a été établi qu'à la fin du siècle dernier la population de la première section était de 3,679 habitants qu'elle se trouvait, au contraire, en 1861 de 10,482, que les contributions directes de toute nature donnaient précédemment 4,261 livres, produisaient au contraire en 1861, 59,718 fr. 94 c. La métamorphose n'est-elle pas complète et pourrait-on nier sans manquer à la vérité que les hauts champs sont redevables aux Wattringues d'une partie du prix considérable auquel ils s'achètent. Si tous les habitants avaient intérêt à vaincre le fléau qui n'épargnait personne ; tous, sans distinction, avaient besoin de certains travaux rendant la contrée vraiment habitable ; sur des canaux il fallait des ponts pour que facilement à pied, à cheval ou en voiture, la circulation devînt possible ; on en établit, il en existe plus de cent dans le périmètre de la section ; ainsi par les Wattringues ont été construits et sont réparés

sur la rivière de Nielles le pont important du rossi-
gnol, permettant la circulation d'Ardres à Audruicq,
sur le Meullestrom le pont d'Asquin; par lui les habitants de Ruminghem, de Muncq-Nieurlet, de Polincove peuvent quitter leurs communes et gagner les
pays limitrophes. On pourrait en citer beaucoup
d'autres aussi nécessaires, mais moins importants.

Quand une idée unique s'empare d'un esprit, parfois elle le fausse et l'aveugle, sans cela comment
s'expliquer les affirmations du rédacteur des mémoires. Sans nier la clarté du soleil, comment prétendre que ces ponts nombreux ne servent pas aux
hauts champs. Dans l'étendue de la section on se
livre en grand à la culture du lin; lin de mars, lin de
mai. La récolte une fois convenablement recueillie,
les chevaux, les voitures passent les ponts, mènent
ces récoltes dans les marais pour les faire rouir, souvent on va, on vient arranger, surveiller cette récolte,
jusqu'au temps où on la rentrera dans la ferme.
L'hiver c'est la grande ressource du canton, car il est
sans aucun établissement industriel; dans les fermes,
dans les petites habitations, partout, sur la montagne
et dans la plaine, on entend les coups précipités de
l'instrument qui taille le lin; la culture nombreuse de
ce textile, est souvent pour le fermier un grand avantage; pour l'ouvrier c'est un travail continu, profitable, lui permettant de vivre sans connaître la gêne;
le pays a des marchands de lin dans une grande
aisance. Une partie de ces avantages on les doit aux
Wattringues, ces ponts servent encore à gagner les

grand canaux, à conduire ou à ramener des mar-
chandises encombrantes ou d'un grand volume.

Les Wattringues à ce regard ont rempli leur
mission, la contrée toute entière recueille le fruit
des travaux effectués.

La rivière de Nielles est au sud-ouest, la limite de
la première section, c'est le point extrême où finis-
sent les hautes terres. Cette année, on la cure sur la
demande même de quelques habitants du lieu. Cette
fois on consentira sans doute à payer la dépense du
curage, au moins il est permis de l'espérer ; s'il en
était autrement où si, dans un avenir peu lointain,
cette localité refusait d'acquitter la dépense, qui donc
la supporterait ?

La réponse, on nous l'a fait pressentir. Le périmètre des Wattringues va être réduit et cette rivière
ne fera plus partie de la première section, y a-t-on
bien songé ! Plus lugubre prophétie ne peut se faire
entendre ; ce sinistre présent, la commission en a la
conviction la plus profonde, on ne le fera pas; jamais
une administration éclairée ne proposera une mesure
qui serait un malheur public ; elle jetterait la misère,
l'irritation plus encore dans une population de tra-
vailleurs paisibles et honnêtes, dignes du plus grand
intérêt.

La rivière de Nieilles est arrêtée au pont à pou-
trelles ; par cette retenue on la force à entrer sur le
territoire de Nortkerque. Là elle change de nom,
c'est la Liette. Grâce à un petit canal entretenu avec
soin, ces eaux limpides et pures coulent paisiblement

dans toute l'étendue du territoire de Nortkerque et dans une partie de celle d'Audruicq ; après un parcours de plus de 8 kilomètres, elles se perdent dans le Stawart. Ces eaux de source salubre portent la vie dans tout le territoire parcouru ; les familles s'en nourrissent, les bestiaux s'y abreuvent; ce n'est cependant pas les seuls services qu'elle rend ; des écluses disposées avec intelligence permettent de répandre ses flots dans ces fossés, dans ces trous où se pratique le rouissage et qui seraient une cause de pestilence, si la Liette bienfaisante n'était là pour préserver du fléau. Ce ne sont pas les seuls avantages dont on lui est redevable ; l'été, si les chaleurs se continuent, l'eau manque sur les hauts champs, le cultivateur pousse vers la Liette ses troupeaux tourmentés par la soif, lui-même y arrive parfois avec voiture chargée de tonneaux, il les remplit pour subvenir aux besoins divers de la ferme.

C'est elle encore qui favorise dans ces communes la culture si profitable du lin ; comment oserait-on faire le rouissage, si elle ne neutralisait pas les dangers que cette opération entraîne. Le public lui est en partie redevable de sa santé, car si respirer les vapeurs des marais est nuisible, faire son aliment de l'eau d'où elles émanent est cent fois plus nuisible encore. Grâce à la Liette ces inconvénients sont en partie évités. La Liette, à l'évidence, est de la plus incontestable utilité pour Nortkerque et Audruicq. Son endiguement, ses écluses, les ouvriers chargés de leur manœuvre, le garde, préposé à la surveillance de l'ensemble, nécessitent des dépenses profitables à tous et qui doivent être remboursées par chacun au prorata de son intérêt. Ce que l'on vient de dire de la Liette peut s'appliquer à une retenue dans le Meullestroom; les eaux ainsi détournées coulent au pied des fermes, dans de nombreux paturages et après avoir traversé les marais de Zutkerque et d'Audruicq, viennent se perdre dans le Stawart.

On a proposé de faire de la Liette la limite du territoire des Wattringues; cette proposition, la Commission ne le trouverait pas équitable, on vient d'en produire certains motifs : elle ajoute : un chemin défoncé suit au nord la Liette dans tout son développement, au midi, au contraire, tous les champs viennent y aboutir.

La Liette est donc plus profitable à la propriété du midi qu'à celle du nord. Ce serait, ce semble, par un complet oubli des règles d'équité, qu'un décret mettrait les frais d'entretien de cette petite rivière à la charge des propriétés au nord de son lit, en exonérant celles situées au midi, Cette disposition n'aurait point sa raison d'être, la Commission espère qu'elle ne sera pas adoptée.

La Commission n'a raisonné que pour ce qui la concerne, elle s'est gardée de vouloir s'élever à établir des principes absolus, elle s'est trop souvenue de l'observation de Pascal sur la vérité, observation si applicable ici.

La Commission n'est point injuste, sa conscience n'est point rebelle à la vérité, elle reconnaît sans

hésiter que, dans l'état actuel, les travaux des Wattringues sont souvent plus profitables aux marais
qu'aux terrains élevés.

Mais est-ce là une raison suffisante pour libérer
les terres hautes de toute cotisation des Wattringues?

Le monde est plein de gens qui lancent ana-
thème contre les salles de spectacle, d'indifférents
ou même de dissidents en matière de religion,
d'ignorants qui jamais n'ont entendu la voix d'un
instituteur, tous cependant payent l'érection d'une
école, d'une église, d'un théâtre.

Si l'Etat entretient un canal, si en plusieurs
endroits la commune empierre des routes, ces travaux sont-ils également profitables à tous? Nullement.
L'habitant des marais enfermé dans la boue, l'hiver
est emprisonné chez lui, quand plus loin son com-
muniste circule librement sur le beau chemin pas-
sant à sa porte et longeant ses champs ; tous deux
cependant sont soumis aux mêmes prestations. Qu'en
de telles circonstances on écoute les réclamations,
chacun aura de très-bonnes raisons pour ne pas être
assimilé à son voisin : avec cette justice mesquine les
institutions les meilleures périssent, vouloir atteindre
à une égalité absolue, en cela comme en tout, est une
chimère. Dans une commune, à grands frais, on érige
une fontaine dont les eaux, tombant en cascade où
jaillissant de la bouche d'animaux souvent fabuleux,
servent à quelques habitations voisines ; tous les
habitants de la commune supportent, sans mot dire,
le montant de la dépense.

Le chemin qui y mène sera imprescriptible, mais une association de Wattringue, procure par de modestes travaux, des eaux bienfaisantes l'espace de plus de 8 kilomètres, à des centaines d'habitants, à tous les bestiaux qu'ils possèdent, et si on veut répartir la faible dépense sur l'association, on crie au scandale, toutes les lois divines et humaines sont violées.

Certes l'inventeur de ces bruyantes réclames n'a pas à craindre d'être qualifié de plagiaire ; pour lui répondre on n'a qu'à invoquer la conduite, les agissements des générations qui, pendant des siècles, se sont succédé sur ce coin de terre ; la Commission a été fidèle à leur tradition, à leur sagesse, car de tels travaux, loin d'être gênés devraient obtenir un assentiment unanime ; ils sont d'une véritable utilité publique.

Ainsi voyons-nous un édit du 4 mars 1730 établir un watergrave pour le pays de Langle Sainte-Marie-kerque ; il est dit que, ce fonctionnaire prêtera serment par devant les députés ordinaires des états d'Artois et que ces états paieront le quart de son traitement ; tant, selon le gouvernement et les états d'Artois, l'assainissement de ce pays importait à la chose publique.

Les mémoires produits ne disent pas un mot de la digue de Sangatte et autres. On craint de se tromper à interpréter ce silence, est-il une adhésion à l'impôt perçu pour leur entretien? Cette interprétation paraît assez vraisemblable, cette taxe en effet ne vient pas de la Commission, mais est imposée par le décret de 1819 seul. Chacun sait dans le pays que si ces digues, étaient rompues, les flots libres de l'océan couvriraient une partie considérable de la contrée, que les routes, presque partout, seraient détruites et impraticables ; un trouble profond règnerait dans tout le canton, les communications sur tous points seraient interceptées ; tous les habitants ont donc un égal intérêt à se garantir d'un tel malheur et à supporter sans murmurer le léger sacrifice commandé par la prudence la plus vulgaire.

Sans doute l'époque de la publication des chartres du Bredenarde et de l'Ardrésis, même des décrets de 1809, est loin de nous. Tout est bien changé depuis. A la place de ces immenses plaines remplies d'eau et de joncs, la vue satisfaite contemple une luxuriante culture ; changement splendide où se manifeste la puissance de l'intelligence unie au travail persévérant, métamorphose magnifique où éclate le génie de l'homme, triomphant d'une nature ingrate et rebelle, victoire d'autant plus digne d'être applaudie qu'elle est toute entière dans l'intérêt de l'humanité. Mais quand le bienfait est obtenu, est-ce le moment pour ceux qui en ont profité, de renier leur bienfaiteur ? Ne serait-il pas plus digne et plus sage de lui venir en aide ! car tout n'est pas fini, il faut qu'on le sache, il s'en faut de beaucoup.

Les pétitionnaires invoquent à chaque instant la justice, l'équité, mots magiques qui remplissent l'oreille, émeuvent les cœurs ; de prime abord on se sent entraîner vers les changements demandés ; mais quand, dégagé de toute idée préconçue, après avoir pris une connaissance très-suffisante des localités de la première section, on recherche la cause de ces usages dont le commencement se dérobe dans l'obscurité des âges écoulés, alors la raison convaincue s'incline, dans le respect, devant ce monument législatif élevé dans la suite des siècles, par les mains libres des populations qui, tour à tour, ont habité ces contrées et complété, au commencement de ce siècle, par le plus grand génie des temps modernes.

L'opinion de la Commission pourrait se résumer ainsi :

Déclarer maintenu le périmètre de la première section des Wattringues, tel qu'il fut constitué après le décret du 28 mai 1809, tel qu'une pratique invariable de près de soixante ans l'a consacré, composé de neuf communes Audruicq, Muncq-Nieurlet, Nortkerque, Ruminghen, Sainte-Mariekerque, Saint-Omer-Capelle, Saint-Folquin, Polincove, Zutkerque; sans tenir compte des portions de territoire de Louches, Nielles, Recques, Zouafques ajoutées par suite de la découverte récente d'un plan de M. Raffeneau, inconnu jusque là.

Maintenir également l'ordonnance du 8 mai 1819, telle qu'elle a été appliquée jusqu'ici.

Déclarer conservé le régime des rivières du Stawart, fondé sur un titre et un usage toujours observé et celui de la rivière du Meullestroom, conformément à la pratique la plus ancienne.

Dire maintenu dans son intégrité le décret du 28 mai 1809 et l'ordonnance du 27 janvier 1837.

Pour le cas où cette législation serait modifiée.

Dire : 1° Que dans la première section des Wattringues, il sera fait une distinction entre les terres hautes et les terres basses, que la ligne de séparation sera établie un peu au-dessus des terrains anciennement submersibles (opinion de M. l'Ingénieur de la section).

2° Que tous les travaux d'art comme ponts, écluses, actuellement existants, suffisent aux hauts champs, que l'entretien de ces travaux jusqu'ici effectués sera, pour une moitié à la charge des terres hautes, pour l'autre moitié à la charge des terres basses.

3° Que les travaux neufs seront pour le compte exclusif ou des terres hautes ou des terres basses selon qu'ils seront opérés dans l'une ou l'autre de ces deux zônes.

4° Que si des travaux neufs et d'utilité générale devaient avoir lieu, ils ne pourraient être entrepris et les frais ne pourraient être supportés, soit par le bassin, soit par plusieurs communes, soit par l'une d'elles, soit par plusieurs sections de communes ou une seulement, sans distinction de hauts champs ou de bas champs que, lorsque le travail aurait été provoqué par un conseil municipal de la section, voté aux deux tiers des voix par la Commission, approuvé par MM. les ingénieurs ordinaire et du département et enfin autorisé par un arrêté spécial de M. le Préfet.

5° Statuer, qu'à l'avenir, tout travail modifiant le système actuel de desséchement et devant coûter au-delà de dix mille francs, sera supporté pour un quart seulement par les occupeurs, quelles que soient à cet égard les clauses des baux passés ; le surplus restant à la charge des propriétaires.

Le nombre des électeurs pourraient s'élever à quatre-vingt, quoique les quarante premiers inscrits possèdent presque le tiers de la section, tandis que les quarante suivants possèdent moins que le dizième. Pour déterminer la capacité électorale, les terres hautes seront comptées pour le tiers, les terres basses pour la totalité de leur contenance cadastrée.

Telles sont, M. le Sous-Préfet, les observations que la première section des Wattringues a l'honneur de vous adresser, en réponse aux publications dont il est parlé dans votre dépêche du 8 de ce mois.

Et ont les membres présents signé au registre.

Pour extrait conforme,

Le Président,
Alfred D'ARTOIS.

St-Omer, Imp. de Fleury-Lemaire.

40

www.ingramcontent.com/pod-product-compliance
Lightning Source LLC
Chambersburg PA
CBHW070750280326
41934CB00011B/2860